Les Dards empoisonnés du denizen

poèmes

Denizé Lauture

Trilingual Press: PO Box 391206,
Cambridge, MA 02139

Tel. 617-331-2269
E-mail: trilingualpress@tanbou.com

Composition typographique :
David Henry, www.davidphenry.com
L'image de la première de couverture est créée
par Edwige Lauture (2015).

ISBN 13: 978-1-936431-23-6
ISBN 10: 1-936431-23-8

Library of Congress Control Number: 2015933143
Première édition : Mai 2015

Les Dards empoisonnés du denizen

Poèmes écrits entre 1970 et 1980

Denizé Lauture

Préface de Frantz-Antoine Leconte
Essayiste, docteur ès lettres

N.Y. le 18 janvier 2016

Dear Sherry and Mark,

We have been friends for so long!
We will always be.
De tout mon cœur.

Trilingual Press, Cambridge, Massachusetts

Denizé

Autres livres du même auteur

Denizens of Hope, Berkeley, California, 2013.

The Black Warrior and Other Poems, SubPress, New York, Oakland, CA, 2006.

Madichon Sanba : Dlo nan Sensè a, Trilingual Imprint, 2003.

When the Denizen Weeps, New York, 1989.

Boula Pou Yon Metamòfoz Zeklè, Bohyo Publishing, New York, 1987.

Littérature enfantine

Father and Son, Putnam and Grosset, 1993, 1996, 2005, New York.

Running the Road to A B C, Simon and Schuster, 1996, 2000, 2003, New York.

Mother and Daughters, Educavision, Miami, Florida, 2004.

Stories from the Bottom of My Heart, Educavision, Miami, Florida, 2012.

Manman Zanfan, premier de six volumes, Haiti Literacy Project, 2013.

Remerciements

Je remercie Tontongi (Eddy Toussaint), Dr Frantz-Antoine Leconte et ma nièce Edwige Lauture pour avoir aidé à la publication de ce livre.

À Clausel Boursiquot Cadet, N.D., Retz Joseph et Jean-Claude Mardy, amis de toujours, frères de lutte qui m'encouragent depuis la création de mon premier poème.

Préface

Les dards empoisonnés du denizen de Denizé Lauture : une inévitable épiphanie poétique

—par Frantz-Antoine Leconte

La vallée de Jacmel, petite ville du Sud d'Haïti, nous a fait un cadeau significatif en faisant émigrer à la mégalopole de New York l'aîné, très talentueux, d'une famille paysanne de treize enfants en 1968. L'ouvrier, soudeur de Harlem, se promène durant les premiers jours dans cette ville mythique, puis, fréquente l'université pour parachever sa révolution et sa métamorphose. Les étoiles de l'appareil de soudure sont vite mises en veilleuse au profit de l'éblouissante lumière du monde de la culture, des lettres et du soliloque.

Ce nouveau monologue intérieur qui aspire à traduire les espoirs multiples, s'amplifie pour explorer les rêves d'un immigrant, d'un étranger, d'un ermite, d'un animal littéraire, prisonnier d'un pays triptyque. En permanence. C'est que, le créole haïtien, le français et l'anglais, bien plus que des langues, créent des cultures qui pèsent chacune à sa manière sur le quotidien de ce *denizen*, son habitat, ses cellules, son être et son âme.

Pour véhiculer les impressions, sentiments et réflexions, et surtout le message de soi et de la collectivité, on doit aller sur les bancs des écoles supérieures. Les langues, la sociologie et la pédagogie s'érigent en un passage obligé efficace. Il l'aide à construire cette capacité ou cette pratique multiple, polyphonique, tout bonnement providentielle. Ce savoir étendu devait transparaître si bien dans les pages de *Black American Literature Forum, Artist and Influence, Callaloo, Drum Voice Review, Littéréalité, Présence Africaine* et *Tanbou*, de prestigieux magazines des États-Unis et du monde international.

Ce grand travailleur des lettres ou ce héraut de revendications existentielles dans un lyrisme toujours beau, simple, éloquent et voire cosmique, se souviendra de sa terre originelle, de ses premiers pas, comme de sa langue première dans *Boula pou yon mètamòfoz zèklè* (« Les chants de notre métamorphose nationale », 1987), *Madichon sanba dlo nan sensè* (« La malédiction de la rivière Sincère », 2003). Certains des poèmes traduisent une souffrance viscérale centenaire et collective, l'honneur et la fierté du guerrier noir, ainsi que les espérances des citoyens, véritable somme de travail et d'efforts placée dans un cadre poétique séduisant qui sert à la défense de la collectivité.

On relève de la même veine remarquable dans : *When the Denizen weeps* (« Les sanglots du dénizen », 1989), *The Black Warrior and Other Poems* (« Le guerrier noir et autres poèmes », 2006) et *Denizens of Hope* (« Citoyens de l'espoir », 2013). Denizé Lauture sait mieux que nous qu'il faudra passer la torche ou le flambeau à la jeunesse montante. C'est pourquoi il écrira avec soin et une pénétrante sensibilité cette manifestation de solidarité : *Father and Son* (« Le père et l'enfant »,2009), *Running the Road to ABC* (« Sur la route de l'ABC », 2000), *Mother and daughters* (« La mère et ses filles », 2004), qu'il espère être une forme d'héritage ou peut-être d'initiation à la jeunesse. Denizé après les ouvrages de cette littérature pour la jeunesse rédige des nouvelles que *Stories From the Bottom of my Heart* (« Histoires du plus profond de mon cœur », 2011) illustre. Cependant un grand nombre de poèmes seront aussi publiés dans des ouvrages collectifs.

Puis, viennent à la suite d'une publication constante les prix et distinctions littéraires : en 1993, la NAACP (*National Association for the Advancement of Colored People*) lui décerne un certificat de mérite pour *Father and son* (1993). La bibliothèque Donnell à New York devait aussi retenir en 1997 *Running the Road to ABC* (qui a reçu le Coretta Scott King Award) comme l'un des cent livres à lire et à partager. Donc, de glorieux et inoubliables antécédents nous conduisent vers *Les dards empoisonnés du denizen* (2015), son plus récent recueil de poèmes. Quelle est notre réaction vis-à-vis de cet ouvrage ?

Dès le début, Denizé fait preuve d'une très convaincante créativité. Le mot « denizen » qu'il emploie témoigne d'un souci d'ordre phonique d'une part, parce que le vocable reproduit presque entièrement son prénom. Il n'a qu'à éliminer le n final de l'anglais pour ajouter un accent aigu sur e. Le vocable en anglais et en français s'articule dans un ordre de synonymie étroite. La préoccupation sémantique fait preuve d'une grande imagination. D'abord et surtout, un « denizen » a une charge polysémique. Il demeure une entité qui cherche son implantation dans un milieu quelconque. Ce qui suggère déjà un processus d'émigration et d'immigration et même la recherche du bonheur au-delà du pays natal. S'agit-il d'un ermite, d'un être, d'un monstre qui habite une contrée dont il ne fera jamais partie ou à laquelle il ne sera jamais tout-à-fait intégré ? Peut-il demeurer un être de nulle part?

Alors que ce débat risque de continuer à l'infini, son odyssée ou du moins celle qu'il décrit semble introduire un être indestructible que « l'essence cosmique » a engendré, qui habite dans la braise, dans le feu, dans les flammes et qui réussit, à l'instar d'un alchimiste, la fusion de tous les cœurs : la « communion universelle ». La chaleur du feu, les douleurs aiguës des brûlures, les flammes rougeoyantes, un cœur déchiré, des poitrines frustrées peuvent constituer ensemble une épreuve d'épuration de l'être et une libération de toutes les contraintes et de tous les carcans qui permettent d'atteindre au « plus désintéressé amour ». Faut-il véritablement croire que la plus grande violence possible puisse permettre l'accès à « l'amour le plus désintéressé » ? Encore de profondes contradictions. Mais la surprise ne serait créée que par leur absence, car la poésie de Denizé semble se nourrir d'elles sans cesse pour augmenter sa tonicité et accentuer sa tension et sa profondeur.

Encore des images incandescentes : la torche produit de la lumière, du feu, qui s'unissent aux rayons dorés du soleil. Il faut aussi prendre en compte les étincelles qui créent « une fournaise pour illuminer un monde en liesse ». Le seigneur qui est « le roi des rois », « le grand des grands », « la lumière des lumières », par un surprenant paradoxe, peut être aussi les ténèbres des ténèbres : la plus grande clarté, mais aussi, la plus grande noirceur. Peut-on conceptualiser un être ou une entité pouvant être à la fois l'extrême clarté et l'extrême ténèbre : une chose et son contraire pour l'éternité ?

On relève aussi une sorte d'hagiographie négative quand dans un décor wagnérien : un ciel rouge, des éclairs fulgurants, des orages, du tonnerre, le narrateur nous fait surprendre la « très sainte Vierge et son enfant sacré, unis voluptueusement » dans ce qu'il faudrait appeler un inceste d'ordre divin. Est-ce que la poésie de Denizé Lauture ferme tout accès à la rédemption spirituelle ou mystique ? Le narrateur n'est-il pas parvenu tout près d'un gouffre blasphématoire ? Comment peut-on être certain qu'il ne fera pas le plongeon ? S'agit-il ici de tendances ou de tentations de vantardise, d'héroïcité ou d'héréticité, ou des trois à la fois ? Est-ce la folie avant la raison ? Mais, est-ce que trop d'objectivité ne torpillerait-elle pas la mission de la poésie comme bâtisseuse de rêves ? Et la condamnation de la divinité ne correspondrait-elle pas à une sorte de défi ou d'accusation prométhéenne ou plutôt à une hyperbolisation ou surenchère poétique. Très peu d'entre nous osent prendre autant de risques par ces périlleuses interrogations de la divinité.

Encore en véritable alchimiste ou plutôt dans une veine paradoxale, il organise une authentique orgie cosmique. Cet être qui baisait « toutes les lascives prunelles » et qui, par son « essence de feu, a forniqué avec toutes les braises, toutes les étincelles » pour réaliser l'orgie entre la chair et les astres, des éléments qui n'appartiennent pas aux mêmes règnes. Ne pourrait-on former une école à partir de l'œuvre de Lauture qui parviendrait à un statut paradigmatique ? Hélas, les États-nations et leur diaspora ne se communiquent pas aussi intensément qu'on le voudrait. Il y a des pans de la culture autour desquels on n'engage pas de dialogue. Regrettablement.

C'est vrai qu'on doit s'armer de courage et de patience pour effectivement appréhender l'univers éthique, métaphysique et symbolique de Denizé Lauture qui nous fascine. En revanche, malgré toutes les interrogations qui subsistent sur et dans son œuvre, sa poésie demeure intelligible. Certainement. Cependant, elle s'annonce comme un puzzle qu'on doit reconstruire lentement. Une quête qui incite à l'exploration d'un univers de contraste, paradoxal, multicolore, ou une mosaïque merveilleuse qui semble être rassemblée par une opération magique ou alchimique. Et qui nous entraîne au-delà des bornes des êtres, dans l'inconnu, vers l'infini ou plutôt vers une inévitable épiphanie poétique.

—*Frantz-Antoine Leconte,* essayiste, docteur ès lettres

Les Dards empoisonnés du denizen

Chapitre I

Flambe flamme

Flambe
Flambe
Flambe flamme !
Quelle que soit la force du vent
Il ne peut que te raviver
Quelle que soit la puissance
De l'averse torrentielle
Elle ne pourra jamais t'éteindre
Tu es le produit d'une essence cosmique
Qui ne cessera de brûler
Qu'à son propre gré
Et que nulle perfidie
Ne peut atténuer

Courbé sur ma torche

Courbé sur ma torche crépitante
Se promenant rageusement
Sur le fer qu'elle fond et unit,
J'ai rimé ces vers
Pour la fusion
De tous les cœurs
Vers une COMMUNION UNIVERSELLE

Si violence perle
Sur leur éclatante dorure
Si blasphèmes y écument
Et débordent furieusement
C'est qu'ils ont pour moule
L'un de ces fronts impitoyablement écorchés
Tout au cours de l'histoire.

C'est qu'ils sont incrustés
Sous la chaleur du feu
La brusque dilatation du fer
Le sautillement des étincelles
Les douleurs aigües des brûlures
Et de la fumée dans les yeux
La chute de grosses gouttes de sueur
À la lueur de flammes rougeoyantes.
C'est qu'ils ont surgi d'un cœur déchiré,
De l'une des poitrines frustrées
Tout au cours de l'histoire.

Les Dards empoisonnés du denizen

Mais croyez-moi
Buvez le breuvage qu'ils contiennent
Le breuvage qui repose à leur fond
Sans aucun geste de répugnance
Et votre cœur s'ouvrira,
S'offrira avec désintéressement
À chacun qu'il rencontrera.

Derrière leur parois
Où suinte violence
Sous leur écume bouillonnante de blasphèmes
Repose tranquillement
Comme un lac entouré
D'arbres touffus,
Enchevêtrés inextricablement,
Saccagés par un vent violent,
Le plus pur et le plus désintéressé amour...

À la lumière du feu de ma torche

À la lumière
Du feu de ma torche
Mes vers subissent
Une métamorphose incroyable
Ils reflètent comme
L'eau claire d'une chute
Qui s'accouple voluptueusement
Aux rayons dorés du soleil

Il y a tant d'étincelles

Il y a tant d'étincelles
Dans ma cervelle !
Et chacune veut créer une fournaise
Pour illuminer un monde en liesse.

Ténèbres des ténèbres

Gloire
Respect
Seigneur
Roi des rois
Grand des grands
Bon des bons
Puissant des puissants
Superbe des superbes
Lumière des lumières
Mais peut-être aussi hélas
Ténèbres des ténèbres...

Dans un ciel rouge

Dans un ciel tout rouge
Surchargé d'orage, d'éclats de foudre,
De tonnerre, d'éclairs fulgurants,
J'ai vu la très Sainte Vierge
Et son enfant sacré Jésus
S'unir voluptueusement.
Horreur, impiété, inceste,
Blasphème, malédiction…
Mes yeux ont vu sans avoir demandé à voir.

Dieu a dit

Dieu a dit : « Que la lumière soit. »
Et la lumière fut.
Pourtant nous vivons toujours
dans un monde
de ténèbres et d'horreurs.

Chair et astres

Il avait cousu les paupières
De tous les fils frigides de l'enfer
Avec le fil bleu de son aiguille aimantée.
L'univers entier lui appartenait.
Il a baisé, baisé, baisé follement
Toutes les lascives prunelles
De son célèbre prisonnier céleste.
Son essence de feu a forniqué
Avec toutes les braises, toutes les étincelles.
C'était l'orgie entre la chair et les astres.
Devant ses pupilles exorbitées
Les pervers de la voie lactée ont aimé
Et ont éjaculé des chaînes de cristaux
Aux mille et une couleurs.

Mort à midi

Mort à midi
Ici le matin
Là l'après-midi
Une épine dressée
Pour chaque pupille
De la nuit.
Où sont ses lunes ?
Lui, ombre du cactus
Aux lunes écarlates
Dont la tige s'apaise
De sable miroitant
De soleils écrasants
De souffles brûlants
D'urine de scorpions
Et de vipères.
Où sont ses lunes ?
Le silence mortel
Et les mirages reculants
Les auraient-ils englouties
Malgré leurs redoutables dards ?

Les Dards empoisonnés du denizen

Les barbares

Écraser les os
Sucer la moelle du poète.
Ils veulent, ils veulent brûler ses cheveux
Et en faire un désinfectant
Pour purifier leurs toilettes.

Ils veulent, ils veulent déguster sa cervelle
Et faire de son crâne
Un bidet pour recevoir leurs vomissures.
Ils veulent, ils veulent l'écorcher vivant
Et faire de sa peau
Un tambour pour rythmer leurs orgies.

Ils veulent, ils veulent crever ses yeux
Et rendre son univers
Un abîme tout obscur.
Ils veulent, ils veulent crever ses tympans
Et laisser son âme
Sans mélodie.

Les éhontés ! Ils veulent ses dents
Pour les colliers
Autour de leur cou
Son cœur,
Son cœur qui murmure
Qui chuchote
Qui converse.

Son cœur qui récite
Qui palpite
Qui inspire
Son cœur qui frissonne
Qui s'élance
Qui danse.

Son cœur qui apprécie
Qui aime
Qui adore.
Son cœur qui touche
Qui embrasse
Qui caresse.

Son cœur,
Ils veulent le transformer en cœur de loup.
Pourtant, il ne hurlera point.
Et si jamais ses lèvres se remuent,
Ce ne sera point le hurlement d'un loup.
Ce sera le petit cri d'un séraphin anéanti...

Chapitre II

Le temps des semences

Oui, il viendra, le temps des semences
Oui, il viendra un soir
Où l'on me réveillera
En plein sommeil
Et l'on me commandera :
    « Les portes de la saison des semences
Se sont ouvertes.
Va semer le grain
Avec lequel j'ai rempli ton grenier
Le grain dont je t'ai confié la garde. »
    Et je me lèverai
Le sommeil s'en ira de mes paupières
Mes yeux seront grand ouverts
La noirceur macabre de la nuit
Ne m'effrayera point.
La fatigue loin de moi s'envolera.
    Et je marcherai
Oui partout j'irai
Semer les semences de la vie.
Les semences qui ne périront point
Qui, toutes, germeront
Qui, toutes, porteront fruits.
    Car elles sont « rangées »
Et pour les terres grasses
Et pour les désertiques et rocailleuses.
Le bon vent se chargera de les emporter

Vers là où je ne pourrai arriver.
Elles croîtront partout.
Chaque rocher,
Sera transformé en fumier
Et contre elles les dents
Des insectes voraces
Resteront inefficaces.
Peut-être, je commencerai seul
Mais lorsqu'on verra
Que les grains semés
Sur les terrains rocailleux germent
Lorsqu'on verra
Que même attaquées par les insectes
Les pousses croissent.
Lorsqu'on verra
Que les mâchoires voraces
Des sauterelles en vain se lassent.
Lorsqu'on verra
Que leurs fruits
Mûriront à n'importe quel prix.
Alors d'autres cœurs, d'autres mains
Se joindront aux miennes.
Ce sera le commencement
De la semence universelle
La semence à l'unisson
La semence de chaque maison
La semence dont la moisson
Dispersera la charité
En apportant JUSTICE et ÉQUITÉ.

Les Dards empoisonnés du denizen

Lorsque la tempête fait rage

> Lorsque la tempête fait rage
> Les arbres s'entrelacent...

Le cauchemar des feuilles

Les œufs contenant les vermines triangulaires sont éclos.
Les nouveaux monstres de l'histoire tournent, tournent en rond,
Braquant leurs angles terminalistes
Sur les aubes des plus beaux boutons de rose.

Maudite soit cette nuit où le cosmos en rut
A avalé le sperme fatal.
Et maudite soit cette cervelle naïve
Qui a procédé à la déténébration du terrible rejeton :
Il a accouché la synthèse des fous,
Le triangle des déments,
La *conification* de l'enfer.

Les déserts brûleront et resteront déserts.
Mais, qui racontera le cauchemar des feuilles ?
Tourne, tourne météore d'amour
Au magnétisme irrésistible
Sorti l'on ne sait où des ténèbres.
Tu éternises les plaintes des rocs ;
Les soubresauts des abîmes.
Et c'est certain que tu éterniseras
Les hurlements effrayants de la dernière torche animale.
Tourne, tourne
Et pour les millénaires du silence
Retiens aussi le cauchemar des feuilles

Si le papillon se remue trop dans ses rêves
Si la rosée est un peu trop drue
Si la brise du soir est un peu trop forte,
L'aube nous trouve, feuilles tombées.

Les Dards empoisonnés du denizen

Si l'oiseau sur la branche bat trop ses ailes
Si la pluie est trop abondante
Si le vent se met un peu en colère,
L'aube nous trouve, feuilles éparpillées.

Au premier souffle frigide de l'automne
À la tombée du premier flocon de neige
Avant même le premier gel,
Nous sommes déjà, feuilles mortes.

Si le ciel devient sec pendant deux ou trois jours
Si les rayons du soleil sont en érection d'un jour à l'autre
Et si la foudre, comme un orgasme électrocuteur, nous frôle,
Nous sommes déjà, feuilles brûlées.

Quand les fleuves seront des fournaises roulantes,
Quand l'atmosphère sera un immense voile de feu
Quand les océans seront des abîmes bouillonnants,
Qu'adviendra-t-il de nous ?
Nous les plus fragiles nourrissons de la terre…»

Le tableau

La route laisse mon âme vide,
Une brise glaciale se faufile
Entre des squelettes rigides
Pointant dans toutes directions
Des millions d'osselets décharnés…

L'élément liquide n'est plus ;
Les eaux, autrefois roulantes,
Sont aussi solides
Que les pylônes d'acier
Du gigantesque pont
Qui surplombe le fleuve…

L'étreinte nordique
N'admet pas de quartier.
Le petit gosier de l'oiselet
Sonna le premier son du glas funèbre.
Mon cerveau se gèle
Dans ce frigide cimetière blanc…

J'ai vu la lune pleine

J'ai vu la lune pleine,
Bien ronde,
Entre les branches sèches,
Défeuillées
D'un gigantesque arbre
Mort...

Arbre mort

Un jour, tes feuilles se sont mises à jaunir.
Sans rien comprendre
Tu as vu ta fraîche robe de verdure
Se métamorphoser en un jaune cendre.

Puis avec indolence, une par une,
Elles se sont mises à tomber.
La brise qui soufflait
Les a toutes emportées
Loin de toi, bien loin de toi.

Sans ta sève nourrissante,
Toutes, elles pourriront,
En fumier se transformeront
Pour faire croître d'autres pousses
Qui ne sauront jamais
Qu'elles te doivent leur croissance.

Toi, tronc défeuillé
Dont toute la sève va couler
Jusqu'à la dernière goutte
Tu as perdu et ton charme et tes atouts.

Tu n'as plus de ces feuilles,
Toutes, couvertes de rosée
Où le matin l'oiselet se baignait
En égrenant ses notes claires
Aux premières lueurs du soleil.

Les Dards empoisonnés du denizen

Tu n'as plus ta robe fraîche et verte
Dont l'ombre du bas glissait
Sur les visages admiratifs des passants
Au souffle d'une brise douce.

Tu ne produiras plus de ces succulents fruits
Pour lesquels te grimpaient les enfants hardis
Et qu'à belles dents ils dégustaient.

La nature pour toi s'est faite cruelle.
Tu ne recevras plus rien d'elle.
Tu n'es plus qu'un objet de profond mépris.

Tu n'as plus de charme, ciel !
Ni pour le passant,
Ni pour l'enfant,
Ni pour l'oiselet,
Ni même pour les autres arbres
Auxquels tu ne te joindras plus
Dans la douce cadence
Au gré du vent.

Alors, inanimé, tu restes debout
Attendant immobilement le jour
Où tes racines complètement pourries
Ne pouvant plus te supporter
Te laisseront tomber.

Arbre desséché
Dont l'écorce sèche se fend,
Se rompt et tombe sous les coups de soleil
Le sort de l'homme malheureux
Qu'on abandonne à lui-même
Quand il a versé ses dernières gouttes de sueur
Est tout semblable à ta misère.

Mais toi, tu ignores le feu qui te dévorera
Et t'en fais peu de la nature ou de la terre hostile.
Mais lui, il est aplati
Entre la crainte obsédante d'un enfer
Et les tournants toujours plus à l'improviste
Du mépris et de l'injustice
Jusqu'au jour où la mort
Enfin le prenant en pitié
Viendra et lui fera tout oublier.

Les soupirs de la lune

Je me réveille au milieu de la NUIT
Pour chuchoter à l'oreille du monde en sommeil
Les soupirs de la lune :

Elle monte,
Le ciel reste bien sombre.
Aucun signe qui annonce
Que bientôt les nuages se dissiperont.

Ses doux rayons avancent
Et ne se glissent sur aucune goutte de rosée.
Les seins de la nature sont bien vides.

Elle cherche le nid de l'oiseau du paradis
Et ne trouve
Que des nœuds de vipères.

Elle désire de sa douce clarté
Caresser un agneau
Et ne rencontre que des tigres affamés.

Son âme souhaite une chanson
Et ne reçoit
Que des grincements de ferrailles.

Elle veut contempler son doux visage.
Mais sources, ruisseaux, rivières et fleuves
Ne sont que des canaux de boue.

Elle arpente l'univers
En quête d'un sourire.
Mais le bon ange dort
Et seul le rictus moqueur du diable se dessine.

Le règne des cendres

L'ombre menaçante
D'un câble rougi
Sur des décombres fumantes…

Les serres terribles
Des féroces oiseaux de proie
Sur des cadavres calcinés…

Des fleuves de feu
Roulant sinistrement
Noyant dans leurs bouillonnantes entrailles

Les fuyards éperdus…
Le mercredi des cendres est roi.
Le temps s'est arrêté pour la calcination totale

On n'aura point une prochaine aube.
De grands seigneurs défroqués
Impassibles, mènent la marche

Dans les cendres infernales.
Les démons de l'enfer sont lâchés
Adieu humanité…

Les conséquences

La mer devient exportatrice de cadavres,
D'un continent à l'autre.
« La mort par avortement
Est de beaucoup plus douce
Que la mort par radiation. »

C'est le carillon dans leur atmosphère :
Ils sont les malheureux rejetons
D'un viol orgiaque et sanglant
Pendant sept jours d'une menstruation cosmique
Aucun ne restera pour pleurer les soleils défunts
Et recueillir les tristes cendres
De leur planète calcinée…

Triste-sombre

Si la vie est triste
C'est que même la pluie
Tombe acide
C'est qu'elle sent sur sa piste
Les furies annihilatrices.

Si les regards sont pâles
C'est que le souffle fatal
Fouette tout visage
C'est que la brise glaciale
Gèle l'espoir
Place tous les âges
Dans la dernière valse.

Si le monde est triste
C'est qu'il se sent ensevelir
Dans une horrible nuit
Une horrible nuit
Sans aucune éclaircie
Une horrible nuit
Qui transforme en glacis funèbre.

Si le monde est sombre
C'est qu'il a la bombe
Pour ombre
C'est qu'il pense à ses tombes
Qui deviendront
Décombres fumantes…

Les Dards empoisonnés du denizen

Chapitre III

Ils parlaient de misères

Ils parlaient de misères et de morts
Et moi, je riais.

Les matières fécales

Les matières fécales
Des vautours et des chacals
Empoisonnent toute source vitale
De mon pays natal.

L'entaille est affreusement profonde

L'entaille est affreusement profonde ;
Et la sève de l'arbre coule,
Coule abondamment
Pourtant, certaines feuilles dansent,
Dansent follement—
Chaque vent qui passe...

On a broyé toutes les pierres

On a broyé toutes les pierres de la terre,
On a ouvert les portes des cages des chiens enragés.
Mais nous sommes les fils du dieu tonnerre
Dans l'éclatement de la foudre apparus
Nous sommes les jamais abattus.
Il nous reste nos ongles, nos dents, nos os
Pour fouiller encore la terre
Et trouver de nouvelles pierres.

Les Dards empoisonnés du denizen

Les idées-éclair

Comme il faut de la lumière
Pour chasser l'ombre
Comme il faut de la chaleur
Pour que l'eau froide devienne chaude
Comme il faut de la pluie
Pour que les plantes poussent

Comme il faut un souffle
Pour faire frissonner l'herbe
Comme il faut la brise
Pour faire danser les feuilles
Comme il faut une tempête
Ou de terribles coups de hâche
Pour abattre un arbre

Comme il faut un lit
Pour drainer une rivière
Jusqu'à la mer

Comme il faut du vent
Pour chasser les nuages
Couvrir d'écumes l'océan
Faire avancer un voilier
Il faut des idées éclair
Pour électriser un peuple
Électrocuter la tyrannie

L'une de ces nuits

L'une de ces nuits
Nous retournerons vers toi, mon pays,
Nous irons aux bords de nos bassins paisibles
Où l'eau dort tranquillement
À l'ombre des gigantesques figuiers maudits.

Nous interpellerons l'esprit des eaux.
Le scintillement des étoiles
La clarté de la lune
Le magnétisme des astres
Transperçant les larges et gommeuses feuilles

Pour s'accoupler
À la bleuité profonde de l'onde
Dans le silence définitif de la nuit
Nous indiqueront si la sève
Qui coule des seins de la nature
Ne t'apporte plus
La fertilité de jadis.

Le marron inconnu

Noire était la NUIT
Quand tu rompis tes chaînes,
Quand tu t'enfuis.

Mais puissant était ton souffle
Quand tu fis retentir le « LANBI »,
Quand tu fis étinceler ta machette.

Pourtant, nul ne connaissait ton ajoupas natal.
Et lorsque la mitraille te faucha,
Au bord du « CHEMIN DES HÉROS » l'on t'enterra
Sans une pierre tombale.

Mais de bouche en bouche
Ta vie s'accrocha aux siècles.
Aujourd'hui, tu te bronzes au soleil…

La vengeance d'Essex

Une fumée dense s'élève
Des flammes montent
On crie : « Au feu ! »

Des sirènes mugissent
Pompiers et flics
Arrivent.

Mais des balles crépitent
Évitant les Noirs
Fauchant les Blancs
Beaucoup tombent.
Hélas !

C'est la vengeance d'Essex
Contre une société raciste
Qui a rendu méchant
Son cœur innocent.

Le refrain de la chanson d'un malheureux

Dans le silence de la station
Fracassée de temps en temps
Par l'arrivée ou le départ d'un train
Il allait et venait lentement
Tout en fredonnant sa chanson
D'un ton plaintif.

Cette chanson se répercutait
Dans les entrailles de la terre
Comme le lugubre cri
D'un animal en souffrance.

Pourtant ses semblables riaient.
Ils ne pouvaient pas voir en lui
Un frère traîné au bord de la folie
Par la misère et l'injustice.
Ils ne voulaient pas comprendre le sens
De son fredonnement transperçant.

Ils ont du plaisir
Lorsque la misère fait chanter
Et se bouchent les yeux et le nez,
Lorsqu'elle pue
Et ne leur permet plus de respirer.

Moi-même, toutes mes entrailles ont tressailli.
Je me suis indigné de voir l'homme ironiser
Cette hideuse verrue que lui-même a fait croître
À la face de l'humanité.

Mais tôt ou tard
La vive flamme qui fera se figer
Tout sourire injuste brillera…

Quand donc verra-t-on la danse des colombes ?

Si deux fourmis s'entre-déchirent
Pour une poussière de pain
Si deux moustiques se poignardent
Pour une gouttelette de sang
Si deux mouches s'entre-tuent
Pour un millimètre de chair pourrie
Quand donc verra-t-on la danse des colombes ?

Si deux vers luisants ne peuvent s'enrouler
Dans le même trou
Si deux escargots ne peuvent cohabiter
La même coquille
Si deux insectes ne peuvent rêver
Sous la même écorce
Quand donc verra-t-on la dans des colombes ?

Si deux papillons ne peuvent se poser ensemble
Sur la même feuille
Si deux abeilles ne peuvent butiner ensemble
Dans la même fleur
Si deux chauve-souris ne peuvent hiberner
Dans la même caverne
Quand donc verra-t-on la danse des colombes ?

Si deux hirondelles ne peuvent arpenter
Le même coin de ciel
Si deux perdreaux ne peuvent roucouler
Au bord de la même fontaine
Si deux dindons ne peuvent vivre
Dans la même basse-cour
Sans révéler leur goitre hideux
Quand donc verra-t-on la danse des colombes ?

Si deux caniches ne peuvent jouer
Avec la même petite balle
Si deux écureuils ne peuvent badiner
Dans le même terrier
Si deux Jeannot lapins ne peuvent rire ensemble
En regardant côte–à-côte
La danse contagieuse des ombres de la prairie
Quand donc verra-t-on la danse des colombes ?

Chapitre IV

À genoux mains jointes

Ah ! Si les hommes pouvaient
Aussi faire une petite prière
Et verser quelques larmes.

—*Denizé Lauture*

Petit trou de sable
Où l'enfant plonge
Et tourne son auriculaire
Petit lot de sable
Que l'enfant ramasse
Et laisse tomber
Grain par grain

À genoux mains jointes
Ici-bas a besoin de prières
Quelques larmes de toi
Ne feront que du bien
Au petit ruisseau de paix.

Petite brindille
Qui trembles
Au passage d'une jambe
Petite herbe
Qui deviens folle
Au souffle
De la plus légère brise

À genoux mains jointes
Ici-bas a besoin de tendresse
Quelques larmes de toi
Ne feront que du bien
Au petit ruisseau de paix.

Petite plante
Qu'une toute petite main
Peut détruire
Petit arbuste
Dont les faibles racines
Sont à fleur de terre

À genoux mains jointes
Ici-bas a besoin d'amour
Quelques larmes de toi
Ne feront que du bien
Au petit ruisseau de paix.

Roseau sans défense
Contre la sécheresse
Arbre sans défense
Contre les hâches des hommes
Chêne sans défense
Contre la foudre

À genoux mains jointes
Ici-bas a besoin de prières
Ici-bas a besoin de tendresse
Ici-bas a besoin d'amour
Quelques larmes de toi
Ne feront que du bien
Au petit ruisseau de paix.

Les Dards empoisonnés du denizen

Petite pierre
Qu'une main de six ans
Peut pulvériser
Roche à la merci
De la dynamite

  À genoux mains jointes
  Ici-bas a besoin d'amour
  Quelques larmes de toi
  Ne feront que du bien
  Au petit ruisseau de paix.

Petit pétale
Qu'un rayon de soleil
Peut défigurer
Petite feuille
Qui n'as qu'une seule saison

  À genoux mains jointes
  Ici-bas a besoin de tendresse
  Quelques larmes de toi
  Ne feront que du bien
  Au petit ruisseau de paix

Malheureux oiselet
Dont le nid est emporté
Par le vent le plus docile
Malheureux oiselet
Dont la vie s'en va
Avec un tout petit plomb

> À genoux mains jointes
> Ici-bas a besoin de prières
> Quelques larmes de toi
> Ne feront que du bien
> Au petit ruisseau de paix.

Petit écureuil
Qui n'as que le tronc d'un arbre
Petit lapin
Qui n'as que ton petit terrier

> À genoux mains jointes
> Ici-bas a besoin d'amour
> Ici-bas a besoin de tendresse
> Ici-bas a besoin de prières
> Quelques larmes de toi
> Ne feront que du bien
> Au petit ruisseau de paix.

Petit poisson d'eau douce
Barbotant dans un égout
Petit poisson de la mer
Qui ne monteras plus dire bonsoir
À la lune et aux étoiles
Ou bonjour
Au soleil d'or du midi
Ou à l'enfant
Comptant les grains de sable
Sur la plage

À genoux mains jointes
Ici-bas a besoin de prières
Ici-bas a besoin de tendresse
Ici-bas a besoin d'amour.

Abîme glouton

Tu ne nous engloutiras point.
Tu as la terre pour margelle
Et nous avons nous-mêmes
La hauteur de l'espace.

Sur ton sable mouvant
Aussi nous marcherons
Sans peur de nous enliser.
Nos pieds ont
Les limites de l'univers

Adieu camarade

À John Mulvihill, soudeur irlandais

Adieu, je me souviendrai de toi.
Le souvenir d'un frère, jamais, ne s'efface.

Aujourd'hui camarade, tu t'en vas,
La tête baissée,
Le cœur humilié.

Peut-être, je ne te verrai plus,
Car la cupide pieuvre ne t'a lâché
Qu'après avoir bu
Tout ton sang
Et sucé
Toute la moelle de tes os.

Mais, dans mes mains, j'ai tenu
Tes mains couvertes de coupures
Et de brûlures.
Et j'ai bien vu tes yeux,
Tes yeux à demi fermés,
Aux paupières ridées
Sans cils,
Sans sourcils :

Conséquences de longues années
Vécues sans un instant de repos ;
Conséquences de toute une sublime vie
Sur une torche crépitante
Dégageant une fumée chaude et suffocante.

Frère, tes bras devenus faibles
Ne peuvent plus suivre
Le rythme effréné
Que réclament leurs profits

Ils te repoussent comme ils jettent
Leurs machines usées
Devenues inutiles
Parmi les décombres.

Maintenant, ta vie est un corridor tout
sombre,
Mais dans ce morbide dédale
Où tu verras se déplacer
D'incroyables ombres
Toi, dans ta poitrine opprimée
Ne nourris point de rancune

N'y laisse point grandir la haine.
La haine et la rancune
Apportent plus d'infections
Au monde déjà en putréfaction.

Elles élargissent sa plaie
Déjà sans horizon,
Ne plonge point ton index
Dans cette blessure déjà trop profonde.

L'arbre de la haine ou de la cupidité
Ne produit pour l'homme aucun fruit

Qu'on appelle salut ou dignité.
Au contraire, ses branches chargées d'épines
Flagellent impitoyablement l'humanité.

Les Dards empoisonnés du denizen

Camarade, désormais apprends à défier avec
fierté
Ces démons de la fatalité.
Va et ne désespère pas.

Car cette même torche
Qui a cicatrisé ton corps,
Cette même torche
Qui a séché toute goutte de ta sueur,
Qui te laisse tout essoufflé,
Qui a ridé ton front et tes paupières,
Qui a brûlé tes cils
Et tes sourcils,
Qui a fermé tes yeux à demi
Éclairera la voie
Que chaque camarade empruntera
Pour arriver au salut et à la dignité.

Dans le mutisme et le silence

J'aimerais bien vous chanter mon enfance
Jusqu'au pic de mon adolescence
Et vous laisser descendre
Le présent versant de mon existence.
Mais hélas, la boue du torrent de misères
Qui a coulé tient toujours mon esprit engourdi.
Pourtant ma langue quoiqu'alourdie
Vous murmurera deux mots.
Dans les parois sensibles du silence
Vous percevrez leurs échos :
Un goût de fiel,
De sel brut des mers,
Un rescapé des bas-fonds de la vie,
Mais un être lucide
Luttant toujours, frénétiquement
Pour suivre sa destinée.
Demain, un amant des hommes,
Un esprit vivant.
J'ai su pousser mes forces
Au-delà des frontières humaines,
Là où la pensée du simple humain se fausse.
J'ai enveloppé la tête de la mort
Avec le bandeau de l'oubli,
Scellé un pacte indélébile
Avec la reine du clan de l'immortalité.
Nul obstacle ne pourra m'arrêter
Dans la voie que je me suis tracée.
Je boirai l'arsenic blanc
Et il se changera en lait lui-même.

Les Dards empoisonnés du denizen

Je me baignerai dans la mer glaciale
Et sentirai mon corps dans la terre de feu.
Je me promènerai en enfer
Et vivrai les délices du paradis.
Dans mon champ l'on sèmera la haine
Je ferai fleurir sans aucune peine
Une roseraie d'amour.
L'on m'ensevelira
En dedans d'un rocher
Mon esprit quand même
Dans les airs voguera.
Nul ne connaît mon secret.
Rien dans la coulée de mes jours
Ne le laisse soupçonner.
Je suis l'escargot.
Je me glisse sous l'herbe tranquillement
Dans la poussière immonde me vautrant.
Je ne recherche nulle joie,
De leur fin je connais le poids.
Je ne fais nul bruit
Car je ne me traîne pas sans souci.
Je porte toujours sur mon dos
Mon inséparable coquille
Et en moi les tristesses de la terre.
J'avance sans répit
Conservant en mon être austère
Jalousement mon profond mystère.

En moi je sens le jour

En moi, je sens le jour grandir
Et la nuit s'évanouir.

Je me nourris de miel

Je me nourris de miel,
Salive d'abeilles,
Et non de venin,
Salive de serpents.
Dans mon cœur
L'on entend
Un doux ronronnement,
Et non un sifflement effrayant.

Extrait de cervelle

ADIEU,
Monte ton cheval
D'os
De chair,
D'âme,
Moi, laisse-moi faire face
À ma folie étoilée,
Me sceller au mur du vide,
Me plonger dans le fleuve d'acide :

Je referai surface
Sur la crête des vagues
De l'océan du TOUT
Dans lequel les disparus
Font boire
Leurs taureaux furieux
Poursuivant les mouches importunes,
Broyant sous leurs puissants sabots
Les vers de terre surgissant
Des profondeurs sombres
De la scène.

Je referai surface
Sur la crête des vagues
De l'océan du tout
Avec, à la pointe de ma langue,
La comète musicale !

Ces vers sont nés
D'un moule qui est
L'unique de son espèce
D'un moule noir au front fier
Dont les bras vigoureux et travailleurs
Dirigent une torche chaude émettant
Un feu orageux, crépitant
Qui fond et unit du fer
Mais dont la pensée
S'éloigne de la matière
Et trace et pétrit et polit
Et fait résonner,
Le tocsin littéraire
Pour démontrer aux ignorants
La douce et simple entente existant
Dans un être unissant
Dans sa simple personne
Le pôle des paysans
Des prolétaires
Et des poètes.

J'emprunterai tout de l'univers

J'emprunterai tout de l'univers.
J'emprunterai l'univers même.
J'emprunterai tout de la nature.
J'emprunterai la nature même.
Je façonnerai une extraordinaire,
Une incroyable cloche
Dont, à tout moment,
Le puissant carillon
Résonnera sur les tympans
De chaque être vivant,
De chaque homme
De chaque femme
Et je verrai si ce terrible chant
De reviviscence
Ne chassera pas de toute poitrine,
De toute pensée,
Le démon de la dégénérescence des humains.

Le chant du ralliement pour le requiem des caïds

J'ai posé ma main meurtrie
Couverte de coupures
Sur le fer rougi.
La douleur aigüe
A pénétré les confins de mon être
M'exigeant ici-bas même à connaître
Des brûlures atroces de l'enfer
L'horrible goût amer.

Mon cœur saigne à flots.
Mes sanglots s'entrechoquent,
Mais sans écho.
Ma poitrine de justice rugit.
Le dieu terrible des blasphèmes
Et des rancœurs
A envenimé ma langue et ma pensée
Et dans mes veines,
Les laves bouillonnantes d'un volcan,
Un torrent de feu roule
À la place de mon sang.

Ma main, dans sa fureur,
Sur la plume bondit.
Mes doigts agiles, enflammés
Tracent pour jamais
Aux frères poètes
Pris dans l'engrenage mortel des égoïstes
Les traces des sentiers qui mènent
Au carrefour de l'immortalité.

Telle une magique apparition
La triste ignominie s'est placée
Malgré toute son étendue sans fond
Devant mes yeux exorbités…

O poètes de toute la terre !
Voyageuses têtes
Sillonnant l'univers
Dans tous ses envers !
Contractions et synonymes de prophètes !
Mortels exceptionnels !
Immortels parmi les mortels !
Étoiles annonciatrices !
Vous dont la forte pensée
Perce le voile de l'avenir !

Vous qui vous offrez
En holocauste sans aucune peur
Asséchez tout votre sang !
Sacrifiez toutes vos nuits !
Vous, fils de la malédiction
Dont le cœur ne fleurit
Dont le cœur ne grandit
Dont le cœur ne mûrit
Que dans le malheur !…
Ho ! comment vos yeux sans horizon
Peuvent ne pas percevoir de vos frères
Les souffrances amères !
Ho ! Comment vos sensibles oreilles
Peuvent ne pas ouïr
De leurs plaintes la continuité
Comment peuvent battre vos cœurs

Sur la mesure terriblement lente
De leurs malheurs ?
Et comment pouvez-vous
Accorder vos luths toujours
Aux rires sarcastiques de leurs oppresseurs ?...
Ho ! cieux bleus chargés de nuages noirs !
Ho ! eaux claires couvertes d'une huile noire !
Ho ! frères !
Aveugles et égarés frères !
Ma voix monte, tonne contre l'infâme nuit
Ma voix s'élève contre votre sommeil.
Mon franc souffle déchirera ce voile
Tissé malhonnêtement par l'égoïsme
Qui vous enveloppe dans la cécité
Le mutisme et la surdité.
Pour arriver jusqu'à vous
Pour que ma voix puisse vous parvenir
J'ai dû lutter contre les spectres de la nuit.
Sangler mon ventre dont les entrailles
Toujours, l'une l'autre, s'avalent.
Marcher nu-pieds
Sur de coupantes, tranchantes pierres.
Lorsque mes nu-orteils heurtaient une pierre
Et qu'un ongle, loin de moi, volait
Une feuille de caféier mâchée,
Me tenait lieu de pansement.
Un jour, enfant de huit ans
Retardé physiquement et mentalement,
Sans aide, souffrant atrocement
J'ai arrêté le flot de sang
En y appliquant

D'un geste qui aurait pu m'être fatal
L'excrément pourri d'un cheval…
Non, il n'est point encore temps
De dormir sur du velours
Quand d'autres dorment encore à même la terre
Et dans les rues.
Ce n'est plus le temps
De se baigner dans l'amour
Incompatible avec l'injustice
Et dont le fond ne reflète
Qu'égocentrisme et bassesse.
De t'extasier seulement devant les charmes
De la nature
De certaines femmes
De certains hommes
Dont le souvenir
Est très souvent, un goût amer.
Non camarades, le temps d'aujourd'hui
N'est plus à la rêverie
À la lumière blafarde de la lune
Dans la pénombre
D'une silencieuse nuit.
Ce n'est non plus le temps
De l'exquise poésie
Qui ne peut être lue
Que sur les tables garnies et fleuries
De rares élus.
Ce n'est un temps pour tenir
Tout œil grand ouvert
Toute langue jamais muette
C'est un temps pour agir.

Les Dards empoisonnés du denizen

Un temps pour faire éclater
Toutes entrailles desquelles la vie
Ne peut pas sortir.
Et dans le cœur du poète
Point de parti pris
Ni de place pour la flatterie.
Moins encore envers ceux qui,
Par le vol et l'injustice,
Se sont enrichis.
Non, ce cœur trop grand
Plein de noblesse
Ne peut descendre
Vers pareille bassesse.
Chanteriez-vous les merveilles de la science ?
La fusée qui va au-delà de l'atmosphère !
L'avion qui vole dans l'air !
L'auto qui roule sur terre !
Le train qui mange les entrailles de la terre !
Le bateau qui écume les mers
Le sous-marin où l'on dort
Paisiblement au fond des mers…?
Non, l'eau agitée
Troublée de sa source
Coule très loin des nécessiteuses pousses
Sous les pas géants de son progrès
Le charme, le naturel de la nature disparaît
Et il y a plus de larmes, plus de sang
Que d'eau dans son courant.
Vous réfugieriez-vous
Dans la calme austérité de l'Église
Contemplant de ses anges,

La beauté invisible ?
Non, à l'homme nu est refusée l'entrée de l'église !
La main qui vous absout et vous communie
Plus tard se glisse sous les plis
De la robe de votre femme,
De votre sœur
Ou de votre fille !
Les voix de tonnerre
Puissantes, impérieuses, sévères
Qui résonnent sous les voûtes et les dalles
De ses temples de marbre et de cristal
D'or, d'argent et d'émail
Nous promettent chaque jour
Comme au temps des catacombes
Le bonheur au-delà de la tombe
Et muette, sourde, immobile toujours
Se dresse toute tombe
Sinistre porte de ce mystérieux,
Dit salutaire, Monde…
Pour mon peuple, moi
J'ai fait mille et dix mille fois
Le signe de la croix.
Hélas ! le Poids
Qu'a supporté la croix
A toujours répondu à mon signe de foi
Par un mutisme froid.
Si la divine et vraie
Malgré toute sa divine sagacité
Ne veut persister
Qu'à m'entraîner
Par l'enchaînement de ses prières

Dans la contemplation infinie
De l'invisible et toujours mystère
Et ne peut traiter
Qu'avec mépris
Ma nécessaire et concrète matière
Ma foi, hélas, devra disparaître
Pour ne jamais renaître
Tout comme un grand bloc de glace
Abandonné dans une chaude place…
Amis, frères par le destin
Dans ce désert de pierres
Où la dureté et la sécheresse sont sans fin
Je ne veux pas que la source abondante
De vos pensées se tarisse
Non plus que vos cœurs si bons,
Si doux se durcissent
Tout durs comme les pierres.
Venez avec moi, venez
Dans le monde des opprimés
Pour un tout nouvel univers.
Vos limpides pensées
Seront beaucoup plus efficaces
Dans l'abrupte montée
Vers le soulagement de leur vie de parias…
Rejetez ceux qui
Vous traiteront de fous
Plus loin dans votre vie…
Venez vivre vos blanches nuits
Venez boire vos amères coupes
Pour un sort
Beaucoup plus noble.

Prenez comme moi vos plumes sacrées
Étalez rageusement sur leurs tables fleuries
Et bien garnies
Les misères des êtres opprimés
Avec toute la coulée
De leur pus, de sang noir troublé…
Peut-être qu'ils vomiront
Peut-être que leurs mains trembleront
Peut-être, car ces gens
Avec leurs couverts d'argent
Sont capables de découper
Et de mâcher leurs propres excréments
Maniez vos plumes furieusement
Déviez-les de la ligne qui
Conduit à la flatterie.
Décrivez une trajectoire qui
Fera frissonner
Frémir les intestins à l'infini
De ces voleurs dits millionnaires
Enfoncez s'ils le faut la pointe aciérée
Dans leurs estomacs
Ingrats et gras.
Et sur les visages tristes
Et sur les joues creuses des décharnés
Tracez le symbole magique
Qui attire du soleil les rayons dorés…
Si parfois vous prend l'envie
De chanter l'une des rares dernières beautés
De la nature, chaque multicolore vers
Que vous édifierez
Cherchez-lui la boisson qui

Le remplira dans les jetées
Malodorantes des pauvres vies
Peignez à leurs yeux
Le malheureux qui
Comme un misérable chien
Dans la boue croupit.
L'enfant, de faim, mourant
Au regard vitreux,
Au ventre ballonné
Aux pieds enflés.
À la peau plissée, desquamée.
Les cuisses des adolescentes
Qui, au printemps de leur vie,
La mort par dépit,
Se donnent.
Pour avoir passé
Pour avoir connu trop d'hommes.
De hideuses, suintantes,
Incurables plaies
Où grouillent d'immondes vers.
Décrivez-leur les lignes du rictus
Sur les visages des parents
Qui vendent leurs filles.
Mais pourquoi ?
Hélas ! Dans l'illusoire espoir
De sauver leurs autres petits !
Pendez-leur les cœurs
Des hommes qui à quarante ans
Ne se sont pas encore mariés par peur
Que, demain, se trouvant
Dans l'impossibilité

De nourrir leurs familles,
Leurs femmes se fassent adultères, prostituées.
Et la verrue la plus hideuse,
Le vomi le plus répugnant,
La plaie la plus putride
À la face de l'humanité.

C'est une femme pauvre jetée
Par la société dans les trous sans fond
De la prostitution.

C'est la cruelle métamorphose
D'une ange radieuse, faible, douce
En une ignoble, féroce bête

Je suis à la recherche d'un peintre génial
Pour m'éterniser le visage
D'une de ces misérables
Qu'un matin, en allant, moi-même, rendre grâces
À notre divin créateur
Et grand bienfaiteur,
J'ai rencontrée appuyée
Au même coin de la rue
Où elle connaît
Vit et endure
Toutes ses convulsives nuits.
Ainsi, la honte, la perfidie
De notre siècle sera connue
Dans les siècles des siècles
Non ! Non ! Pareille disproportion
Ne peut encore attendre longtemps
Pour sombrer dans l'écroulement...

L'arbre maudit a complété
Son dernier millimètre de croissance
Et il a suffisamment déployé ses branches
Dont l'ombre a pour unique mission :
Toujours tenir fraîche l'exploitation
Et prolonger l'infecte stagnation.
C'est le temps de sa dégénérescence.
Et nos vers tranchants rongeront
Sans peine aucune ses racines pourries.
Oui, poètes, amis,
Poètes de toute la terre
Accourez, arrivez avec vos vers
Coupants, comme des tessons de verre.
« Venez au soir de la dernière attente
Venez tous au cours de l'ultime nuit
CHANTER AVEC MOI LE REQUIEM DES CAIDS »
En vidant courageusement vos vers
Toute leur contenance
Les yeux fermés,
Les narines pincées.
Vous trouverez au fond
L'aube claire
Embaumée d'essence.
Le monde a trop souffert
La poésie révolutionnaire
Doit être une monture endiablée
Atteinte d'une juste folie
Pour laquelle la bride est inutile
Importune, sans effet.
Lorsque sa pensée échauffée
Traverse les limites de la rime

Et de la politesse du vers
Il faut bien lui accorder
Libre cours
Car il serait funeste
De se mettre
En travers dans sa route
D'entraver ses pieds
Et restreindre la liberté
De qui vole au secours
De l'humanité.
Il faut laisser son éclair
Aveugler la nuit
Laisser son tonnerre
Fracasser le silence
Laisser sa foudre
Carboniser, consumer le voile,
Laisser son torrent
Charrier toutes les stagnations.
Que soient vos vers
Terribles, éclatants, effrayants
Comme le fracas du tonnerre
Qui une noire et silencieuse nuit
Ouvre les portes à la tempête
Au diable tous les mots au son doux
Qui pourraient adoucir les mérités coups
Qui extermineront les coupe-cous.
Que vos poèmes soient
Pour ces insatiables
Des pots fleuris
Des charmeurs indiens
À l'intérieur desquels

Toujours se tord
Un horrible nœud
De serpents...
Si la force, un jour,
Arrive à vous manquer
Les maîtres des entrailles de la terre,
Vous les invoquerez.
Leur souffle infernal saura balayer
Les fleurs teintes de notre sang et
Des gouttes de notre sueur arrosées...
Mais quand même nous chanterons
Oui, toute la nuit, vous chanterez
Jusqu'à l'aube claire
Des chants fracassants
Pareils aux cris des monstres des anciens temps
Dignes des terribles dieux d'antan.
Leurs mots incandescents
Leurs refrains crépitants
Les crissements étincelants des dents
Les salives, telles des jets
D'un gaz inflammable
Allumeront la flamme.
Et lorsque les sons clairs et triomphants
Des clairons de la justice et de l'égalité
Sur toute la terre résonneront
Du nord au sud, de l'est à l'ouest
De nos poèmes, les vers véhéments, foudroyants
Seront les seuls mots qui fièrement
Pourront les accompagner
Dans leur irrésistible montée
Vers l'universelle et vraie, communion...

J'ai chanté leur requiem
Bien qu'ils ne soient pas encore morts
Mais j'ai bouche de cabri.
L'arbre où j'ai brouté
L'arbre qu'ont marqué mes dents
Ne pourra jamais s'écarter
Du courant dégénérescent
Il ne pourra jamais reverdir
Il ne peut que dépérir
Petit à petit
Ma malédiction les poursuivra
La furie de l'irrésistible torrent
Les emportera tous
Et je serai là
Lors de l'engloutissement
De leurs vils cadavres
Pour les enjamber deux fois
Et aussi leur jeter
Les trois dernières prises de terre.

Le chien dans la mare de sang

                    Je me souviens de ce chien
Dans cette mare de sang.

Je l'ai vu un matin,
Il gisait raide mort
Dans son propre sang
Coagulé avec la poussière infecte
D'une piteuse rue.

                    De grosses mouches affamées
Voletaient en bourdonnant
Sur son cadavre ;
Et s'y posaient de temps en temps,
Parfois en se disputant une place.
Tout près montait un tas d'immondices
Et une matière gluante, putride
Croupissait le long du caniveau :
La rue n'avait jamais connu de nettoyage.

                    Pauvre bête misérable
Tu cherchais parmi ces ordures puantes
Un os déjà décharné,
Un os déjà écrasé
Pour desserrer
Tes mâchoires ankylosées.

                    Et une machine infernale
Est venue broyer
Ton maigre cou...

                    Elle a terminé ta vie

Sur ces déchets abandonnés
Déjà passés au peigne fin
Où tu cherchais
De quoi tromper
Ta chronique faim...

           J'étais alors un naïf adolescent.
Ma pensée était saturée d'innocence
Et la vue du sang
Est toujours un choc terrible
À tout cœur innocent

         Cette scène horrible
Y est restée gravée...

         Elle y est restée, on dirait
Justement pour être comparée
À celles d'aujourd'hui qui se révèlent
Beaucoup plus horribles
Beaucoup plus barbares qu'elle
Car l'homme y est broyé à la place du chien.

         Elle y est restée pour être comparée
Aux atrocités, aux génocides commis
Contre le peuple du Vietnam
Ce sublime peuple qui défend ses droits sacrés
Sur la terre de ses ancêtres.

         Elle est y restée pour être comparée

Les Dards empoisonnés du denizen

Aux répressions affreuses, ignominieuses
Contre les masses de ma terre natale
Et contre celles de toute l'Amérique latine
Lorsqu'un jour à bout de souffle
Leurs gorges sèches murmurent « justice ».

        Elle y est restée pour être comparée
Aux crimes ignobles
Perpétrés contre mes frères d'Afrique
Lorsqu'ils osent réclamer le prix de leur sang
Aux sangsues monstrueuses
Qui le boivent depuis des siècles…

        Oui, elle y est restée pour être comparée
À toutes ces scènes de nos jours
Où les monstres voyant leur fin proche
Et leurs jours comptés
Tombent en folie
Et cherchent à broyer les petits
Qui veulent seulement apaiser leur faim
Et trouver la solution
Qui empêchera que l'aube de demain
Ne se lève sur nul spectacle répugnant
Comme celui d'un chien
Dans une mare de sang…

Les bonds et les bonds

Les bonds et les bonds
Des bébés-robots
Le magnétisme du cadran jaunâtre
Les aspérités du précipice radiant
Bloc bleu dormant
Deux colonnes jaunes
Perpendicularité
Parallélisme
Assemblage d'immobilisme gibraltarien
Fondation statique du temps.

Bloc vert
Le sixième degré
Bloc rose
Ligne droite
Pour les points un et onze
Le triangle fou
Angle juste après le premier bond
Angle à mi chemin
Angle juste avant le dernier bond.

Les bouts désintégrés
Des pouces…auriculaires
Des membres métallico-plastiques
Bloc jaune
Douze
L'entourage de Jésus
La soustraction
Ne sert qu'à prouver la désertion.

Les Dards empoisonnés du denizen

Bloc jaune
Huit et quatre
Le carré et le cube
Des deux colonnes
Touchent la poutre transversale
Des points dix et deux
Deux et dix
Poutre bleue d'espoir

Espoir que dix osselets démoniaques
Ne créeront point
Ces sept soleils
Ces dernières oranges
De la création cérébrale.

Nul œil ne contemplerait
Le cubisme rose de l'intelligence
Qui fait de trois âmes passionnées
Neuf générations de roses d'amour
Roses d'amour
La sainte vierge
Amoureuse passionnée
Pour ses amours
Son doux talon écrasa
La tête du serpent
Écrasons sous nos talons
Marteaux-pilons
Cet instrument
Émettant
Un tic-tac effrayant
Car s'il fait toujours mi-nuit sur terre
Il fait toujours nuit en enfer.

Promenade interrompue

Haut dans la brise matinale
Un oiseau plane
Remuant lentement ses ailes.
Il ne sait pas que dans les silos de la mort
Les pouces des guerriers nucléaires
Caressent les interrupteurs annihilateurs.

Paix… l'âme de l'homme nucléaire
Peut-elle s'élancer en paix
Un peu plus bas, près d'une croix de bronze
Au clocher d'une église
Deux colombes se peignent l'une l'autre.

Elles ne savent pas que le souffle toxique de la haine
Monte sans répit pour suffoquer le monde.
Amour… L'homme nucléaire
Sait-il ce que c'est que l'amour…
Devant l'église, cette maison de réflexion,
Un gazon vert est tondu en cœur
Et sert de lit nuptial
À la rosée de la nuit

Et au soleil du matin.
Procréation… les doigts invisibles
Du poison-génocide
Déjà ravagent les matrices de nos mères…
J'ai traversé la route.
Un arbuste semble vouloir,
À chaque passant, donner une fleur.

C'est l'arbuste de mes pleurs.
Je me suis souvenu
De la fournaise de plutonium
Prête à le consumer dans l'espace d'une seconde.
Paix… Qui peut se promener en paix
Quand les silos de la mort augmentent
Et que les sabots des boucs aguerris s'impatientent…

Cet homme universel

Cet esclave
Cet Africain
Ce Noir
Cet homme
Nommé Toussaint !

Cette île
Cet océan
Ces montagnes
Cette plantation
Nommée Bréda !

Cet esclave de l'île
Cet Africain de l'océan
Ce Noir des montagnes
Cet homme de la plantation
Ce Toussaint Bréda !

Ces esclaves révoltés
Cette colonie
Cette Europe
Cette barbarie !

Ce phare
Cette étoile
Cet éclair
Cette Ouverture !

Ce phare éclairant les révoltés
Cette étoile illuminant la colonie
Cet éclair zébrant l'Europe
Cette ouverture contre la barbarie
Ce Toussaint Louverture !

Cet homme né esclave
Cet esclave vétérinaire
Ce vétérinaire meneur d'hommes
Ce meneur d'hommes guidant l'humanité
Ce Général Louverture
Tout Saint !

Cet ultime forgeron de la fraternité
Cette foudroyante comète de la liberté
Cet aveuglant soleil de l'égalité
Ce titan de l'humanité !

Ce TOUSSAINT BREDA LOUVERTURE
Cet homme universel !

Notice biographique de l'auteur

Fils d'humbles paysans, Denizé Lauture laissa Haïti en 1968. Il était alors mécanicien-soudeur et n'avait pas encore terminé ses études secondaires. Il travailla comme soudeur à Harlem et suivit des cours d'université, le soir, à City College de New York. Il reçut un B.A. en sociologie, un M.S. en pédagogie bilingue, un M.A. en littérature espagnole. Études additionnelles à Fordham et au CUNY Graduate Center.

Il écrit en créole haïtien, français et anglais. Ses poèmes parurent dans des douzaines de revues littéraires, parmi lesquelles *Présence Africaine, Callaloo, Black American Literature Forum, Artist and Influence, Litoral* (Espagne), *Litterealite* (Canada).

Prix :

Nomination, NAACP's Image Awards, 1993.
Saint Thomas Aquinas College's 1994 Board of Trustees Award for Excellence.
Donnell Library's One Hundred Books for Reading and Sharing, 1997.
Original Art Show at the Society of American Illustrators, 1997.
Coretta Scott King Award for *Running the Road to ABC*, 1997.
De concert avec Stephen Motika (Director of Readings), Denize réalisa en 2010 une journée de poésies haïtiennes à la Maison des Poètes de New York (Poets House) avec quatre poètes de renommée nationale.

Il lutte toujours pour le progrès de son pays natal. Durant ses randonnées littéraires à Vassar College, New York, il révéla au Dr Andrew Meade le problème d'eau potable qui sévit dans sa région natale. Dr Meade le mit en contact avec Pure Water for the World. Denizé choisit deux représentants dans sa région natale, qu'il considérait compétents, mais de multiples difficultés survinrent. Pure Water for the World s'adressa à Water for Life qui, à son tour, négocia avec Food for the Poor. Aujourd'hui, il y a 21 puits dans la région natale du poète. Denizé Lauture réside aux E.U.A. et enseigne à Saint Thomas Aquinas College, Sparkill, NY 10976.

Table des matières

N.B. *Le mot anglais "Denizen" signifie immigrant, étranger, habitant, natif, ermite.*

Les Dards empoisonnés du denizen

Autres parutions dans Presse Trilingue
Lòt piblikasyon nan Près Trileng
Other releases by Trilingual Press

Franck Laraque
L'instrumentalisation de la pensée révolutionnaire
[Essais en trois langues, 552 pages, juillet 2014]

Ewald Delva
Adelina
[Woman an kreyòl ayisyen, 194 paj, jen 2014]

Fred Edson Lafortune
An n al Lazil
[Koleksyon powèm ann ayisyen, 116 paj, me 2014]

Anne-Marie Bourand Wolff
La colline des adieux
[Roman, 220 pages, janvier 2014]

Cheo Jeffery Allen Solder
One4deBrovahs
[Essays, 150 pages, December 2013]

Charlot Lucien
La tentation de l'autre rive / Tantasyon latravèse
[Poèmes, 116 pages, oktòb 2013]

Tontongi
In the Beast's Alley
[Poems 210 pages, October 2013]

Georges Jean-Charles
Jacques Stéphen Alexis, romancier de Compère Général Soleil
[Essais 364 pages, mars 2013]

Patrick Sylvain
Masuife
[Koleksyon powèm, 100 pages, mas 2013]

Nicole Titus
Plato / Platon : Apology, Crito, Phaedo / Apoloji, Kriti, Fedo
[Translation/Tradiksyon, 100 pages, desanm/December 2012]

Doumafis Lafontant
Krik ? Krak ! Dèyè Mòn Gen Mòn / Mountains Behind Mountains
[Bilingual collection of poems, 134 pages, Desanm/December 2012]

Frantz-Antoine Leconte
René Depestre : du chaos à la cohérence
Contributeurs : Robenson Bernard, Etienne Télémarque,-Bernadette Carré Crosley, Eddy Magloire, Amy J. Ransom, Clément Mbom, Sarah Juliet Lauro, Cauvin Paul, Silvia U. Baage et Léon-François Hoffman. [Anthologie d'essais, 354 pages, 2012]

Tontongi and Jill Netchinsky
The Anthology of Liberation Poetry
Contributors: Joselyn M. Almeida, Ali Al-Sabbagh, Marc Arena, Soul Brown, Richard Cambridge, Neil Callender, Berthony Dupont Martín Espada, L'Mercie Frazier Patricia Frisella, Regie O'Hare Gibson, Marc D. Goldfinger, Calvin Hicks, Gary Hicks, Jack Hirschman, Everett Hoagland, Paul Laraque, Daniel Laurent, Denizé Lauture, Danielle Legros Georges, Tony Medina, Jill Netchinsky-Toussaint, Tanya Pérez-Brennan, Thomas Phillips, Ashley Rose Salomon, Margie Shaheed, Cheo Jeffery Allen Solder, Patrick Sylvain, Aldo Tambellini, Tontongi, Askia M. Touré, Tony Menelik Van Der Meer, Frantz "Kiki" Wainwright, Brenda Walcott, Anna Wexler, and Richard Wilhelm. [Anthology of poems, 320 pages, January 2010]

Tontongi
Poetica Agwe
Essays, Poems and Testimonials on Resistance, Peace, and the Ideal of Being / Esè, powèm e temwayaj sou rezistans, lapè e ideyal nanm nou / Essais, poèmes et témoignages sur la résistance, la paix et l'idéal d'être [A trilingual edition / Yon edisyon an twa lang / Une édition trilingue [420 pages, 2011]

Doumafis Lafontant
After the Dust Settles
[Bilingual collection of poems / Koleksyon powèm bileng (English-Ayisyen), 136 pages, Fall 2010]

Marie-Thérèse Labossière Thomas
Clerise of Haiti
[Novel, 378 pages, 2010]

Dr. Vinod A. Mittal
Low Back Pain And Low Back Care
An edition in five languages (English, Hindi, Spanish, Haitian, and Portuguese) **Contributors** : Priti V. Mittal, Altagracia P. Mayers, Idi Jawarakim, Patricia B.P. Dos Santos. [Medical advice, 82 pages, 2009]

Franck Laraque
Paul Laraque : Éclaireur de l'aube nouvelle
Contributeurs : Josaphat-Robert Large, Frantz-Antoine Leconte, Hughes St-Fort, Max Manigat, Frantz Latour, Jean Métellus, Jean Prophète, René Depestre, Robert Garoute, Gérard Pétrus, Claude Pierre, Elie Leblanc, Jr., Gary Klang, Karèn Bogat, Georges Jean Charles, Denizé Lauture, Clotaire Saint-Natus, Lochard Noël, Serge François, Berthony Dupont, Papados, Jean André Constant, Danielle Laraque Arena, Jack Hirschman, Michele Laraque, Marc Anthony Arena, Hatuey Laraque Two Elk, Ashley Laraque, Max Schwartz, Prosper Sylvain, Jr., Gabrielle Vimer, Anthony Phelps, Rodney Saint-Eloi, Gérard Etienne, Eddy Mésidor, Emmanuel Gilles, Frantz

Ludeke, Fritz Clermont, Camille Gauthier, Kern Delince, Raymond Chassagne, Jean Gateau, Jean Claude Valbrun, Tontongi, Jean Mapou, Roger Savain, Michel-Ange Hyppolite. [Essais, 180 pages, été 2009]

Tontongi

Voices of the Sun : The Anthology of Haitian Writers Published in the Review Tanbou / Les Voix du Soleil : Anthologie des écrivains haïtiens publiés dans la revue Tanbou / Vwa Solèy pale : antoloji ekriven ayisyen pibliye nan revi Tanbou

Contributeurs/Kontribitè/Contributors : Paul Laraque, Tontongi (Eddy Toussaint), Hugues St. Fort, Papadòs (Fritz Dossous), Jean-André Constant, Berthony Dupont, Marc Arena, Doumafis Lafontan, Nounous (Lenous Surprice), Yvon Joseph, Patrick Louis, Edner Saint-Amour, Charlot Lucien, Emmanuel Védrine, André Fouad, Rodelaire Octavius, Janvier Lesly Junior, Bobby Paul, Jean Saint-Vil, Franck Laraque, Jack Hirschman, Lee Chance, Glodel Mezilas, Melissa Beauvery, Cathy Delaleu, Jean-Dany Joachim, Roberto Strongman, Guamacice Délice, Huguens Louis-Pierre, Vilvalex Calice, Elsie Suréna, Denise Bernhardt, Duccha (Duckens Charitable), Suzy Magloire-Sicard, Michel-Ange Hypopolite, Patrick Sylvain, Barbara Victome, Jeanie Bogart, Gary Daniel, Johnny Bélizaire, Denizé Lauture, Fred Edson Lafortune, Jamie Moon, Pierre-Roland Bain, Idi Jawarakim, Danielle Legros-Georges, Edwald Delva, Oreste Joseph, Serge-Claude Valmé, Doug Tanoury, Prosper "Makendal" Sylvain, Jr., Brian Sangudi, Anna Wexler, Marilène Phipps. Photos and paintings by / photos et peintures par / foto ak tablo pa : David Henry, Michel Doret, Don Gurewitz, Marilène Phipps, Blondèl Joseph. [Poèmes et essais trilingues, 404 pages, septanm 2007]

Tontongi with the Liberation Poetry Collective

Poets Against the Killing Fields

Contributors: Askia Touré, Aldo Tambellini, Brenda Walcott, Jill Netchinsky, Joselyn Almeida, Neil Calender, Tontongi,

Anna Wexler, Gary Hicks and Tony Medina. [Anthology of poems, 170 pages, September 2007]

Paul Germain

Love and Other Poems by Haitian Youths

Contributors: Bernadin Bastien, Célemme Biennestin, Evens Ciméa, Erlia Dessin, Elie Fortuné, Paul E. Germain, Samson Germain, Gustave Neslyn Josh, Judeline Jean Baptiste, Sandra Lamontagne, Remylus Losius, Rubens Maisonneuve, Mario Morency, Ruth Norvilus, Jonas Saint-Aubin, Emmanuel W. Védrine, Farah Paul, Wilguens Sainterling, Ebed Sainterling, Gems Dorvil, Charles Jean-Baptiste, Fabrice Mont-Louis. [Trilingual anthology of poems, 80 pages, July 2004]

Denizé Lauture

Madichon Sanba : Dlo nan Sensè a
[Koleksyon powèm, me 2003]

Livres en préparation
Liv k'ap prepare
Books in preparation (2015)

Patrick Sylvain

Anba bòt kwokodil
[Roman ann ayisyen, 350 paj, jen 2015]

Georges Jean-Charles

L'Analyse des Arbres musiciens
[Essai d'analyse du roman de Jacques Stéphen Alexis, français, 400 pages, juin 2015]